Meinen Kindern Jan und Anne,
die mit mir Blätter suchten und Fische fanden.
IRMGARD LUCHT

Erstmals erschienen 1970 im Gertraud Middelhauve Verlag Köln
© 1985 Verlag Heinrich Ellermann München 19
Alle Rechte vorbehalten
Printed in Germany
ISBN 3-7707-6253-3

Irmgard Lucht / Josef Guggenmos
Alle meine Blätter...

Ellermann

Die Blätter auf den Büschen und Bäumen, was können sie erzählen?
Es gibt dicke, rauhe Blätter, das Haselblatt ist so eins. Das Birkenblatt ist zart.
Das Erlenblatt gehört zu den rundlichen, derben. Das Weidenblatt ist das
schlankste von allen. Jedes Blatt ist anders.

Doch eines ist allen Blättern gemeinsam. Dort, wo sie aus der Knospe geschlüpft sind, dort bleiben sie sitzen am Zweig. Darum lieben die Blätter den Wind. Er gibt sich mit ihnen ab, er spielt mit ihnen. Er trägt Nachricht von Baum zu Baum, von Busch zu Busch.
Da sind die Vögel anders, lauter. Sie achten nicht auf die leise Sprache der Blätter.

Die Vögel rufen und lärmen in den Zweigen. Sie alle haben viel gesehen,
der Laubsänger und der Rotschwanz, der Neuntöter und der Fliegenschnäpper,
die Turteltaube, der Wendehals, der Kuckuck, der Pirol. Sie waren weit.
Sie können viel erzählen.

In den Berichten der Vögel klingen prächtige, fremdartige Wörter: Sizilien, Mittelmeer, Nil, Abessinien, Kongo, Sudan, Elefanten, Gazellen, Giraffen...
»Ich bin dem Krokodil mitten durch den aufgerissenen Rachen geflogen«, schreit der Spatz dazwischen.
»Du?« rufen die andern. »Warst du denn überhaupt fort?«

War er auch nicht in Afrika, der Spatz,
so kennt er doch hier weit und breit jeden Zaun
und jeden Schuppen, jeden Hund und
jeden weggeworfenen Topf.

Die Blätter waren nirgendwo. Im Park steht der Ginkgo-Baum. Seine Vorfahren stammen aus Japan. Japan ist weit. Aber die Ginkgo-Blätter, die aussehen, als seien sie aus zweien zusammengewachsen, was wissen sie von Japan?
Keines von ihnen hat je eine Reise gemacht, nicht einmal so weit wie ein Heupferd springt.

Die Vögel mit ihren flinken Flügeln kommen überall hin. Aber einen Platz gibt es doch, von dem sagt kein Vogel ein Wort. Das ist das Wasser. Wie es aussieht, dort unten im Meer, das weiß kein Vogel. Nicht einer.
Eines Tages trägt der Wind eine geheime Absprache von Baum zu Baum, von Busch zu Busch. Da lösen sie sich von ihren Zweigen: Haselblatt und Holunderblatt, Rosenblatt und Erlenblatt, Birkenblatt und Pappelblatt und wie sie alle heißen. Auch der Ahornsame will mit. Am Straßenrand reißen sich Wegerich, Huflattich und Löwenzahn los. Der Wind nimmt sie alle und trägt sie zur Bucht.

Die Blätter kommen zum Meer, sie tauchen ein.
Da geschieht es: Das Meer verwandelt sie und macht sie zu Geschöpfen des Wassers.

Das Löwenzahnblatt wird zum Fischleib, das Ginkgo-Blatt wird zum Fischschwanz.
Fische, herrliche Fische, wie es sie nie gegeben hat, schwimmen in der Bucht.

Ein Löwenzahn-Ginkgo-Fisch trifft einen Löwenzahn-Ginkgo-Fisch.
Sie legen Eier, wie Fische tun.

Aus den Eiern schlüpfen Löwenzahn-Ginkgo-Fischlein.
Schön ist es hier unten im Meer.

Aber da sitzt einer im Kahn, der beugt sich übers Wasser und schaut. Er schaut und schaut, und die Augen fallen ihm fast aus dem Kopf. Was sieht er? Fische, wie sie noch keiner gesehen hat. Er wird sie fangen, er wird sie auf den Markt tragen, und alle werden kommen und staunen. Heinrich, werden sie sagen, andere haben größere Fische gefangen, aber Fische, so schön wie die deinen, hat keiner aus dem Meer geholt. Noch in hundert Jahren wird man von dir und deinen Fischen reden! Heinrich, werden sie sagen, was hast du für Glück gehabt! Er versteht sein Handwerk, der Heinrich, er ist lange genug Fischer gewesen. Er wirft sein Netz aus, er zieht es vorsichtig ein.

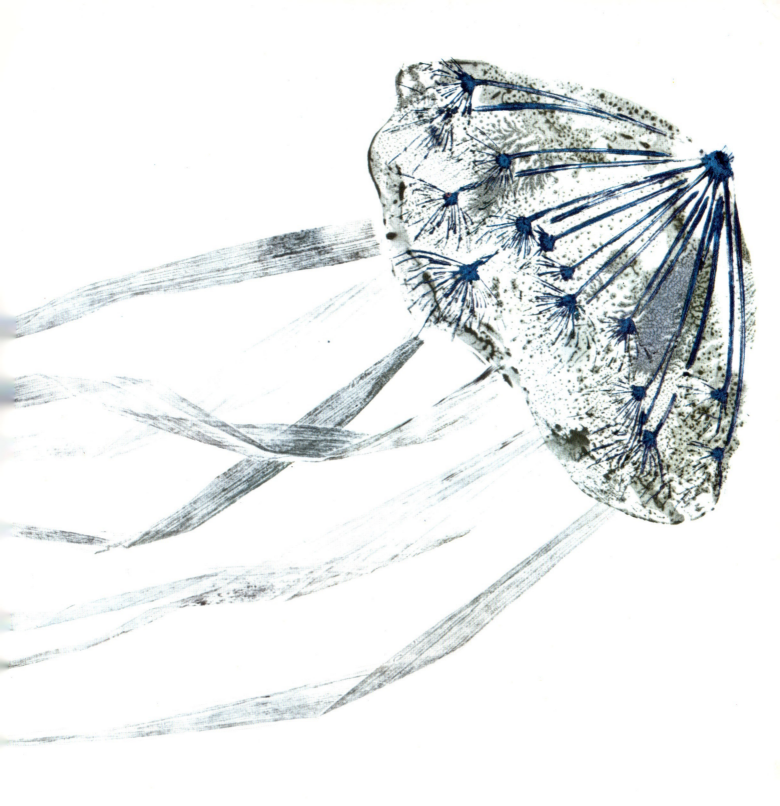

Da hat er sie im Netz, die Wunderfische in der Bucht.

Er hebt das Netz aus dem Wasser, er hält seine Beute ans Licht. Da werden seine Augen starr.

»Aber«, ruft er, »was ist das? Da meine ich, einen großen Fang zu tun. Und was fische ich aus dem Meer? Blätter, ganz gewöhnliche Blätter!«

Aber dann schaut er noch einmal und denkt: Blätter, ja Blätter, aber wenn man sie so anschaut, die Blätter – jedes ist anders, jedes ist schön!